AF359016

LES
BIÈRES D'EXPORTATION

PAR

M. GAESSLER-NOIROT

Chevalier de l'ordre du Mérite agricole

RÉDACTEUR AU JOURNAL

Le Moniteur de la Brasserie

Dédié aux Membres de l'Association fraternelle
des Brasseurs français

BEAUNE

IMPRIMERIE ARTHUR BATAULT

1899

8·V
12587

LES BIÈRES D'EXPORTATION

Ceux qui, comme moi, suivent depuis longtemps pas à pas l'évolution qui s'est produite dans l'industrie de la brasserie en France, ne feront aucune difficulté pour reconnaître que l'axe de cette industrie s'est sensiblement déplacé depuis une trentaine d'années, mais surtout depuis vingt ans.

Nous avions autrefois, avant l'Année Terrible et immédiatement après encore, quelques grandes brasseries, quatre ou cinq dans l'Est, autant dans le Nord, deux ou trois dans le Centre, une ou deux dans le Midi, et dans l'Ouest, lesquelles, très bien installées pour l'époque, intelligemment dirigées, fabriquaient des produits dont la renommée s'étendait de Nancy à Brest et de Dunkerque à Marseille. Les consommateurs de distinction refusaient toute bière qui ne portait pas la marque de ces grands établissements.

Ces grandes brasseries avaient acquis pour ainsi dire le monopole dans les centres importants de consommation, leurs bières étaient appréciées; il faut convenir qu'elles étaient bonnes et que leur qualité était souvent supérieure à la qualité des bières courantes fabriquées par des brasseurs de la région.

Comme ces bières étaient vendues à un prix assez élevé, elles laissaient de fort beaux bénéfices aux fabricants qui, ayant très peu de frais de placement et de représentation, faisaient facilement leurs affaires.

Les moyennes et les petites brasseries, très nombreuses alors, se contentèrent de clients de second ordre, mais qui, malgré cela, étaient solvables et payaient bien. Ces brasseries écoulèrent leurs bières dans les petites localités, dans les campagnes, et sortaient bien rarement de leur rayon ; leur commerce se faisait sans bruit, presque timidement ; elles n'attaquèrent pas leurs gros concurrents et travaillèrent avec eux et à côté d'eux.

Tous les brasseurs, grands et petits, faisaient à peu près leurs affaires et ils sont nombreux ceux qui ont su profiter de ce temps là pour faire fortune ; j'en connais encore quelques-uns qui ont amassé un petit pécule, — il est vrai qu'ils étaient économes et pas ambitieux, — qui les met, heureusement, à l'abri de la misère et des caprices des consommateurs actuels.

C'était, on peut le dire sans exagération, le bon temps, l'âge d'or de la brasserie ; les affaires étaient faciles et la clientèle peu difficile. On ne pouvait guère désirer mieux.

Mais que de changements depuis !

Après les vaches grasses sont venues les vaches maigres ; après le bon temps est venu le mauvais temps ; après l'aisance est venue la gêne.

À côté de ces quelques grandes brasseries au voisinage desquelles on s'était fait petit à petit, et qui, en somme, ne gâtaient pas les prix et n'empêchaient pas les autres de travailler, on a vu, probablement jalouses de la prospérité des premières, se créer un peu partout et dans l'espace de quelques années, de nouvelles grandes brasseries qui tout naturellement voulaient vivre. Comme ces grandes brasseries étaient nouvelles et produisaient beaucoup, il leur fallait, coûte que coûte, des débouchés pour l'écoulement de leurs produits ; pour se les procurer, elles eurent recours à tous les moyens et employèrent tous les stratagèmes.

Au début, ce fut sur le dos des petits brasseurs établis dans leur rayon immédiat qu'elles frappèrent monnaie ; ces pauvres petits brasseurs, très sommairement outillés, routiniers dans l'âme, sans fortune, n'eurent pas la vie bien dure ; ils sombrèrent les uns après les autres, disparurent de l'horizon et la clientèle passa aux mains de leurs grands confrères. Ces petis brasseurs sont à peu près oubliés aujourd'hui, on ne parle plus d'eux que de souvenir.

Ces premiers succès ouvrirent l'appétit aux industriels entreprenants, hardis et habiles, qui avaient tenté l'expérience et avaient si bien réussi dans leur entreprise. En présence de la prospérité de leurs affaires, encouragés par la facilité avec laquelle ils s'étaient créé des débouchés pour leurs produits, ils cherchèrent, ce qui du reste pouvait parfaitement se comprendre, à donner du développement à leur fabrication et, par conséquent, de l'extension à leur commerce. Ces industriels construisirent de nouveaux locaux, augmentèrent l'outillage, le matériel et doublèrent leur capital d'exploitation ; naturellement toutes ces dépenses augmentèrent les frais généraux qu'il fallait absolument compenser par une élévation du chiffre d'affaires.

C'est ici où le premier écueil se manifesta et frappa ceux qui ont voulu voir et qui ont cherché à comprendre.

Pour augmenter leur chiffre d'affaires, et comme les petits brasseurs avaient disparu de leur jeu, il fallut forcément s'attaquer aux grands, soit aux grands voisins, soit aux grands confrères du dehors. Cette tentative n'alla pas seule, elle offrit beaucoup plus de difficultés que ne le supposèrent ces brasseurs.

Pendant que les derniers venus firent de gros sacrifices pour donner une nouvelle extension à leurs établissements, les premiers ne restèrent pas immobiles ; guidés par les mêmes sentiments et les mêmes intérêts, ils avaient, eux aussi, fait de nouvelles installations en vue d'augmenter leur production, et c'était au moment même où ils s'étaient installés pour faire davantage, qu'on leur signifiait l'ordre de se retirer et de déblayer le terrain.

Dans ces conditions, la situation devint très tendue et il se produisit un choc qui fût terrible ; le combat, engagé avec une violence extrême entre belligérants, prit des proportions inquiétantes, aucun ne voulût reculer et tous, au contraire, voulurent avancer et établir leur tente sur des positions nouvelles. On comprend que, entreprise et conduite dans de tels sentiments, la bataille ne pouvait faire autrement que de produire des effets déplorables ; on baissa les prix, on fit des concessions de toute nature, enfin, on s'imposa des sacrifices ridicules pour, d'une part arrêter la fuite, et d'autre part gagner les bonnes grâces des débitants.

Et c'est en suivant cette voie funeste, en se concurrençant par des concessions extraordinaires, en souscrivant platement aux exagérations de la clientèle, en s'épuisant dans une lutte insensée, que la brasserie, auparavant si tranquille et si heureuse, tomba d'échelon en échelon jusqu'à ce qu'elle fût par terre.

Ce déplacement de l'axe de notre industrie a fait un tort considérable,en ce sens qu'il a rompu brutalement les liens de bonne et loyale confraternité qui régnèrent autrefois entre brasseurs et qu'il a engendré des prix de vente tellement bas qu'ils sont devenus presque inférieurs aux prix de revient.

En effet, le prix des matières premières, celui de la main-d'œuvre, de même que les impôts et contributions de toutes natures ainsi que les frais privés sont plus élevés qu'ils l'étaient et pèsent plus lourdement sur le budget des brasseurs qu'autrefois, tandis que la bière se vend de 4 à 10 francs moins cher par hectolitre qu'elle se vendait il y a 30 ans.

N'est-ce pas malheureux ?

Comment veut-on que les brasseurs gagnent de l'argent et fassent leurs affaires dans ces conditions ?

C'est impossible !

Et tant que cette situation se continuera, la brasserie se ruinera sans aucun profit pour les consommateurs et au grand dommage de l'agriculture pour laquelle elle est, en raison des matières premières qu'elle lui achète et des drèches et radicelles qu'elle lui fournit, une source de richesse.

Losqu'on a la prétention d'étudier le problème économique d'une industrie, il ne faut pas oublier une seule des règles que la logique enseigne, sans quoi l'on s'exposerait à être mauvais éducateur et piètre juge ; c'est donc en me plaçant sur le terrain de la logique absolue que j'ai été amené à reconnaître que les premiers brasseurs qui faisaient l'exportation de leurs produits dans l'intérieur du pays, avaient eu tort d'escompter avec trop de confiance une situation qu'ils supposaient acquise et qui, en fait, n'était qu'équivoque, et c'est en persévérant dans cette erreur qu'ils négligèrent d'examiner l'alternative dans laquelle ils se trouveraient le jour où la brasserie se localiserait et deviendrait une industrie régionale. — C'est pour avoir oublié ces principes fondamentaux que tout industriel prévoyant doit avoir continuellement devant les yeux, que nos premiers grands brasseurs s'étaient mis des charges énormes sur les bras, qu'ils avaient fait des dépenses d'installation et d'agrandissement dépassant toutes proportions raisonnables et qu'ils s'étaient laissé entraîner dans un labyrinthe dans lequel ils sont encore embourbés à l'heure actuelle.

C'était fatal pour ces pionniers de la première heure; ce qui devait arriver, arriva.

La bière, qui n'est pas un produit qui doit ses propriétés à son lieu d'origine, mais bien au talent du fabricant, à l'installation de la brasserie, à la qualité des matières premières employées, peut être aussi bonne, qu'elle soit fabriquée à Munich, à Nancy, à Paris, à Lille, à Dijon, à Nantes, à Lyon ou à Marseille. Le lieu de production ne signifie absolument rien pour la qualité de la bière, il n'y a que les consommateurs complètement ignorants qui prétendent encore le contraire et qui se figurent qu'il faut aller à Munich ou à Pilsen pour boire de la bonne bière.

Et, puisqu'on peut fabriquer la même qualité de bière à Marseille par exemple qu'à Nancy, il est assez naturel de voir les brasseurs établis à Marseille disputer la clientèle de cette ville aux brasseurs établis à Nancy ; les Marseillais sont incontestablement dans des conditions meilleures pour mener la lutte que ne le sont les Nancéens, et ils mettent ces conditions à profit. La même observation s'appliquerait aux brasseurs Marseillais cherchant des débouchés à Nancy.

En conformant son raisonnement à ces principes, on arrive à cette conclusion que la meilleure situation commerciale d'une brasserie est celle où ses produits sont vendus dans la région. Par conséquent, les sacrifices qui ont été faits un peu partout pour établir dans toutes les régions où le développement de la consommation de la bière le permettait des brasseries modèles s'expliquent et se justifient parfaitement.

Il ressort de cette observation que la brasserie se localise et qu'elle a des tendances à devenir une industrie absolument régionale.

Malheureusement, les fautes commises par les premiers exportateurs ne corrigèrent point les défauts des nouveaux venus, propriétaires de grandes brasseries régionales, et qui dans la circonstance suivirent les mêmes errements que leurs devanciers.

L'appétit vient en mangeant, dit le proverbe : bientôt, nos jeunes grands brasseurs se trouvèrent à l'étroit dans leur rayon et au lieu de limiter, ainsi qu'il eût été sage de le faire, leur désir d'accaparement et d'imposer une frontière à leur fougue juvénile, ils se lancèrent dans des régions toujours plus lointaines, se laissèrent prendre dans le même engrenage que les premiers et finalement dépensèrent au loin les bénéfices qu'ils réalisèrent sur place ; il en est résulté ceci : c'est qu'au lieu de prospérer en faisant un chiffre d'affaires moins élevé, ils se ruinaient en en faisant le double.

N'est-il pas pénible, pour quiconque aime la brasserie, de faire d'aussi tristes constatations ?

Mais il est nécessaire, en présence du danger, de jeter le cri d'alarme et d'envisager franchement la situation sous son jour véritable.

Oui, la situation critique, malheureuse, qui est faite à la brasserie et qui a pour origine l'ambition et la jalousie et pour effet la concurrence à vil prix, finira par détruire notre industrie, si nous n'avons pas le courage et l'intelligence, devant le cataclysme dont elle est menacée, de porter sans retard le fer rouge sur cette plaie hideuse qui la dévore.

Y a-t-il un remède au mal que je viens d'exposer ?

C'est la première question à se poser et à examiner ensuite attentivement.

Il convient de ne pas s'illusionner sur les effets du remède, afin de ne pas courir la malchance d'un échec.

Je n'ignore pas que quand l'on voit des plaies aussi saignantes que celles dont souffre la brasserie, lorsqu'on assiste à un déchaînement de passions aussi vives sur le terrain industriel et commercial que celui dont notre industrie est la victime, lorsqu'on constate enfin des haines et des jalousies aussi intenses qui atrophient tout ce que nous avons de plus généreux et qui détruisent toutes notions de prudence et d'équité, je n'ignore pas, dis-je, qu'il est difficile, quand on est arrivé au paroxisme du mal, d'amener, par le simple exposé de la situation, les esprits à une détente immédiate et de faire converger toute l'action vers une mutualité plus intime et plus sincère. Ce but rêvé par le philosophe est plein d'imprévus, il a fort à lutter pour ramener le calme dans les esprits, pour établir des relations cordiales et pour introduire un commerce plus digne et plus honnête.

Pour arriver au résultat que nous visons, il a de grands obstacles à surmonter, de grandes iniquités à détruire, je le sais.

Mais, est-ce que notre devoir ne consiste pas précisément à résoudre les problèmes les plus compliqués, à défendre les causes les plus compromises, à combattre les dangers les plus imminents ?

C'est en nous sacrifiant à cette mission ingrate, en nous dévouant corps et âme au bonheur de la brasserie, que nous restons fidèles aux lois qui s'attachent à nos fonctions et que nous remplissons notre devoir.

Les remèdes qui s'imposent contre le mal sont nombreux ; ils sont même d'ordres différents.

J'ai déjà, à maintes reprises, et chaque fois que j'ai eu à m'occuper de la concurrence acharnée et stupide que se font entre eux les brasseurs, signalé les dangers et essayé d'élever une digue pour empêcher la brasserie de glisser sur la pente fatale sur laquelle elle est engagée et au bout de laquelle se trouve l'abîme qui la guette ; j'ai souvent prêché dans le désert, mes supplications n'ont pas touché mes lecteurs et mes efforts sont demeurés stériles. Cette indifférence des principaux intéressés devant le danger menaçant n'a pas été sans me procurer de profondes tristesses ; mais, malgré cela, je n'ai pas songé un seul instant à jeter le manche après la cognée, à quitter la brèche et à assister en spectateur inconscient à la décadence de notre chère industrie. J'ai toujours estimé que je devais continuer la lutte ; je poursuis donc mon chemin sans m'inquiéter des susceptibilités particulières que pourrait froisser ma campagne.

Sans abandonner le terrain commercial sur lequel j'ai presque continuellement évolué jusqu'ici en traitant des effets de la concurrence, je vais élargir mon sujet et porter mes explications sur le domaine de la fabrication des bières d'exportation lequel, à mon avis, offre un remède au mal que nous cherchons à combattre.

Nous avons depuis vingt ans fait de très grands sacrifices d'hommes, nous avons dépensé considérablement d'argent pour conquérir un peu partout des colonies. Je n'ai pas à examiner ici le côté politique de ces conquêtes, j'abandonne volontiers ce soin à d'autres; mais il m'appartient d'en étudier le côté industriel et commercial.

Au sujet des conquêtes, je dirai simplement que d'autres peuples, avant et après nous, se sont lancé dans les mêmes entreprises coloniales, j'en déduis donc que la colonisation est un bien ou un mal commun à toutes les nations européennes.

Mais, tandis que les autres peuples ont des colonies pour en tirer profit et pour y déverser l'excédent de leur production agricole et manufacturière, nous en avons pour y entretenir une légion de fonctionnaires et pour y envoyer l'argent de la Métropole.

Ce sont là des procédés peu en rapport avec ceux des autres nations ; et sans être un économiste érudit ou un colonisateur profond, on peut avouer que notre manière d'administrer nos colonies est moins avantageuse que celle des autres et que nous comprenons moins bien qu'elles nos intérêts.

Mon avis est que quand l'on possède des colonies c'est pour en tirer des avantages; dans le cas contraire il est préférable de n'en pas avoir.

C'est absolument comme si vous aviez un beau cheval dans votre écurie que vous nourrissiez bien et que vous ne fassiez pas travailler; il vaudrait mieux, il me semble, pour votre budget, que vous n'en eûssiez pas ; pour nos colonies c'est la même chose : c'est un cheval dans l'écurie de l'État que la nation entretient de ses propres deniers pour n'en rien faire.

On a peut être eu tort de nous confier un instrument au maniement duquel on a négligé de nous initier ; cet instrument au lieu de fonctionner entre nos mains inexpérimentées, se rouille et nous est plutôt à charge qu'utile. Cependant, si nous étions un peu plus ouverts au progrès, si nous comprenions mieux nos véritables intérêts, si nous étions plus perspicaces enfin, nous chercherions les moyens de mettre cet instrument en mouvement, nous en étudierions ses rouages, et nous ferions notre possible pour l'utiliser. Ce serait absolument élémentaire.

Mais, puisque nous sommes assez coupables pour ne pas le faire, puisque nous nous obstinons à ne pas vouloir nous servir de toutes les cordes que nous avons à notre arc, puisque nous ne savons pas comment nous y prendre pour profiter des ressources qu'offrent nos colonies, il appartient au gouvernement et à la presse de secouer la torpeur de nos industriels et de nos commerçants en les engageant, de force et malgré eux, sur la route des transactions coloniales.

Pour ce qui nous concerne, nous brasseurs, nous aurions, j'estime, beaucoup plus à gagner en dirigeant l'extension et l'activité de nos affaires du côté de nos colonies, plutôt que de nous livrer à une guerre intérieure, désastreuse pour nos finances et contraire à notre prospérité.

Il suffit de jeter un coup d'œil sur le tableau comparatif où sont exposées les relations commerciales de chaque pays avec le monde entier, pour se convaincre que nous sommes de tous les peuples le seul qui fait, en raison de l'extension et de la population de ses colonies, le moins de trafic avec elles ; c'en est presque une honte.

Continuer dans cette voie, c'est faire le jeu des autres, c'est préparer, pour me servir d'une expression usuelle, le lit pour que son voisin s'y couche.

Eh bien, l'avenir et la sécurité de la Nation nous imposent d'autres devoirs ; nous n'avons pas le droit de nous sacrifier et de nous exiler volontiers du concert européen dans lequel nous voyons tous les peuples se mouvoir, nous devons prendre part au mouvement et nous devons essayer de tenir honorablement la place que les circonstances nous ont dévolue.

La brasserie n'existe pour ainsi dire pas dans nos colonies ; on y importe bien un peu de bière, mais dans quelles conditions, mon Dieu !

Nos armateurs et entrepreneurs de transport achètent aux brasseurs du continent une très faible partie de leurs produits pour les vendre là-bas à des prix exhorbitants, de sorte que la bière n'y est accessible qu'aux personnes fortunées. Si, et la chose n'est pas impossible, on pouvait organiser des services de transport mieux combinés, des relations plus étudiées et surtout plus économiques entre la Métropole et ses colonies, il n'est pas douteux que la consommation de la bière y gagnerait et prendrait rapidement plus de développement.

Ce qu'il faudrait faire d'abord pour atteindre plus facilement ce but, ce serait mettre les représentants officiels que nous possédons dans nos colonies, gouverneurs, sous-gouverneurs, directeurs, etc., dans l'obligation de jouer un peu moins au Richelieu et d'apprendre que, s'ils ont des devoirs diplomatiques à remplir, il leur incombe une mission beaucoup plus élevée, plus utile et plus généreuse que celle de faire de la politique, c'est celle d'être les propagateurs de nos produits, les moniteurs précieux de nos industriels et de nos commerçants désireux de faire des échanges avec nos colonies.

J'ai la conviction intime que si tous nos fonctionnaires coloniaux comprenaient leur rôle et interprétaient ainsi qu'ils le devraient leurs délicates fonctions, ils rendraient de grands services aux producteurs et consommateurs et seraient plus utiles aux habitants des colonies et de la métropole qu'ils le sont, en s'occupant exclusivement de politique.

Comme je ne possède qu'une toute petite parcelle d'autorité, celle d'un simple bulletin de vote, dans la direction des affaires de mon pays, je ne puis, au sujet de l'administration de nos colonies, que formuler des vœux en faveur d'une organisation intelligente et féconde, orientée dans la direction que je viens d'indiquer ; cependant, pour donner à mes démonstrations et à mes revendications plus de poids, je continuerai à sonner le tocsin pour donner l'alarme jusqu'au jour où l'on m'aura entendu et où l'on aura consenti à quitter l'ornière routinière dans laquelle on est embourbé, pour entrer dans la voie du progrès. Voilà un peu pourquoi je publie ce petit opuscule et voilà pourquoi aussi je continuerai, dans la presse, ma campagne commencée.

Cependant, ouvrir à nos industriels, à nos commerçants des débouchés dans nos colonies n'est qu'une mesure préliminaire de sage organisation, il faut pour compléter cette mesure et pour en retirer les avantages économiques qu'elle est susceptible de donner, que nos industriels et commerçants apportent leur concours à l'œuvre. Le gouvernement pourrait remplir tous ses devoirs ; si nos producteurs restaient au-dessous des leurs, le résultat serait compromis.

La condition primordiale pour la brasserie est de présenter des produits offrant toutes garanties de qualité et de conservation aux consommateurs exotiques ; si cette condition était négligée, elle exposerait la brasserie à des déboires et à des pertes.

Si j'arrêtais ici mes explications, je ferais comme ce cultivateur qui, après avoir labouré son champ, n'avait pas de graines pour l'ensemencer ; telle n'est pas mon intention ; j'ai fait mon possible pour éclairer la route, je vais indiquer maintenant les moyens à employer pour la parcourir sans accident. Ces moyens, qui relèvent exclusivement de l'art de la fabrication de la bière, forment la seconde partie de cet ouvrage.

***

Quelles sont les conditions à observer et quelles sont les mesures à prendre pour fabriquer une bonne bière d'exportation ?

Ces conditions et ces mesures sont nombreuses ; je vais les examiner les unes après les autres.

En première ligne figure le choix des matières premières : l'orge, le houblon, l'eau.

Les orges, dont la teneur en glutine dépasse les proportions normales, sont bien moins appropriées à la fabrication des bières d'exportation que les autres, surtout lorsqu'il s'agit des bières à fermentation haute. Les bières fabriquées avec ces orges se troublent plus vite et, par conséquent, se conservent moins longtemps.

On attache généralement un grand intérêt, beaucoup plus qu'il n'en faudrait, aux orges ayant une couleur très pâle ; je ne prétends pas que ces orges ne soient pas bonnes et qu'il ne faille pas les employer, je dirai simplement que, pour mon compte, je leur préfère celles ayant une couleur jaune-clair vif ; parce que celles-ci germent toujours mieux et qu'elles donnent un malt plus friable.

La finesse de l'enveloppe est l'indice des propriétés délicates de l'amidon ; en même temps qu'elle constitue un avantage au point de vue du poids des matières extractives, 100 kilog. d'orge dont l'enveloppe est fine donnent un rendement supérieur à 100 kilog· dont l'enveloppe est grossière. Cette considération entre en ligne de compte dans l'établissement du prix d'achat de cette matière première.

Il faut bien se garder d'employer des orges moisies, échauffées, charançonnées, ou ayant un goût étranger ; il faut aussi ne mettre en trempe que des orges bien nettoyées et bien sèches.

Quant au houblon, dont les qualités sont si variables, je recommande les crûs suivants : premier houblonnages: des Bourgogne, Alsace, Wurtemberg ou autres provenances riches en tannin ; deuxième houblonnage : des crûs fins de Bavière ; troisième houblonnage : des Bohème fins ou Saaz.— Se méfier des houblons trop fortement soufrés et rejeter complètement ceux ayant souffert ou ayant été altérés par des maladies.

Les propriétés d'une bonne eau de brasserie dépendent moins des matières calcaires qu'elles tiennent en dissolution que de leur pureté.

Il y a des consommateurs, et ils sont nombreux, qui s'imaginent et répètent à tout propos que si les bières allemandes sont réputées supérieures aux nôtres, c'est que les brasseurs allemands emploient des eaux qui ont des propriétés particulières que n'ont pas celles qu'emploient nos brasseurs français ; cette supposition est insensée, ridicule. Il est vrai que les consommateurs qui ont l'esprit ainsi faussé ne connaissent absolument rien dans la fabrication de la bière et leur conpétence en la matière égale celle d'un âne en algébre. Ce qui est la vérité, et ce qu'il importe que tout le monde sache, c'est que nous avons en France des eaux qui valent les eaux allemandes et qu'elles se prêtent aussi bien que ces dernières à une bonne fabrication.

Dès l'instant que les eaux sont pures, quelles ne sont pas contaminées par la présence de matières organiques, ammoniacales et végétales, elles sont bonnes à la fabrication de la bière ; il suffit donc d'éviter la contamination en empêchant les infiltrations pour avoir de bonnes eaux de brasserie. — Les eaux contaminées par les matières organiques sont impropres à une bonne fabrication, elles sont surtout

dangereuses, lorsqu'elles sont employées au lavage
des levains. J'ai connu des brasseurs qui ont compromis leur fabrication pendant des mois entiers,
simplement parcequ'ils s'étaient servi d'une eau
contaminée au lavage du levain.— Par conséquent, la
pureté des eaux est une question très importante,
même capitale, dans la brasserie ; les brasseurs ne
doivent jamais la négliger.

En dehors des matières organiques, les eaux
tiennent en suspension ou en dissolution des matières
calcaires : carbonate de chaux, sulfate de chaux.
Les eaux qui contiennent peu ou point de matières
calcaires sont classées comme eaux douces ; celles,
au contraire, qui renferment une certaine pro-
portion de ces matières sont classées comme eaux
dures.

Quelles sont, de ces eaux, les plus avantageuses
pour la fabrication de la bière ?

On estime, en général, que les eaux calcaires sont
préférables aux eaux douces, c'est également mon
avis. La bière fabriquée avec des eaux calcaires est
de meilleure conservation que celle fabriquée avec de
l'eau douce, ce qui fait que les eaux calcaires conviennent mieux que les autres pour la fabrication des
bières d'exportation. Cependant, il est des brasseurs
qui fabriquent d'excellentes bières avec des eaux
douces et il en est d'autres qui en fabriquent de très
mauvaises avec des eaux dures ; ce qui prouve que
rien n'est absolu et que le brasseur qui n'a pas à sa
disposition des eaux dures peut parfaitement faire
de la bonne bière d'exportation avec des eaux douces,
pourvu qu'il apporte à toutes les opérations ultérieu-

res de la fabrication des connaissances suffisantes et une attention continue.

Ce sont les eaux dures que l'on trouve le plus souvent dans la consommation courante, c'est donc elles que l'on trouve, aussi, le plus souvent en brasserie.

La première opération de la fabrication est le mouillage de l'orge.

Je ne rappellerai pas ce que j'ai déjà dit et expliqué tout au long dans le *Moniteur de la Brasserie*, sur le travail du mouillage ; le procédé sur lequel je me suis longuement étendu, que j'ai pris le soin de recommander et duquel je me suis presque institué le propagateur, consiste à diviser le travail en deux phases distinctes dont voici la marche : Le mouillage commencé dans la cuve placée à l'étage supérieur est terminé dans une seconde cuve placée à l'étage plus bas. La durée du mouillage est divisé en deux périodes : un tiers de la durée dans la cuve supérieure, les deux autres tiers dans la cuve inférieure. Entre l'opération de la première cuve et celle de la seconde, le grain passe dans un laveur à brosses qui le débarrasse de toutes ses impuretés.

Les malteurs et les brasseurs qui ont expérimenté et adopté cette méthode sont à même de témoigner de sa valeur pratique ; néanmoins, et malgré toutes mes démonstrations antérieures sur l'ensemble du travail, il est un point qui a été négligé et sur lequel je tiens à m'expliquer ici : l'oxygénation du grain.

Tous ceux qui ont l'amour de l'étude, qui aiment à voir les choses de près, savent que l'enveloppe qui entoure les matières amylacées de l'orge est très poreuse et que les interstices formés par cette porosité sont remplis d'air. Lorsqu'on met l'orge en mouillage, l'eau, à mesure qu'elle traverse l'enveloppe et pénètre dans l'amidon, chasse l'air et prend sa place, de sorte que, lorsque le mouillage est achevé, l'air qui se trouvait dans l'enveloppe au moment de la mise en trempe n'y est plus et y est remplacé par l'eau ; si l'eau qui sert à cette opération renferme de l'oxygène, il s'ensuit que l'air chassé par l'eau est remplacé par l'air amené par l'eau ; si, au contraire, l'eau n'est pas saturée d'oxygène, il se produit un déplacement sur les conséquences duquel il est utile d'être renseigné.

Pour bien nous rendre compte des conséquences de ce déplacement, il ne faut pas oublier que l'air est un mélange d'éléments indispensables à la vie animale et végétale et que, par conséquent, il exerce une action prépondérante dans la germination de l'orge. Si l'eau qui a saturé le grain d'humidité manquait d'oxygène, les éléments nécessaires à la germination feraient défaut et la vie végétale de l'orge deviendrait difficile et languissante ; le malt, au lieu d'être friable, serait vitreux, défectueux.

C'est pourquoi il faut insister sur les effets de l'oxygénation de l'eau de mouillage et inviter nos industriels à en tenir un compte rigoureux.

Les appareils à oxygéner sont très répandus en brasserie, il est peu de brasseurs qui ne les connaissent et ne les utilisent déjà à l'oxygénation du moût. Comme ces appareils peuvent servir sans aucun inconvénient à l'oxygénation du moût, aussi bien qu'à celle de l'eau, nos industriels peuvent les employer sans aucun danger à ce second travail ; ils ont donc à leur disposition les moyens de mettre en pratique mes recommandations sans avoir à s'imposer des dépenses nouvelles et supplémentaires.

Quant à l'exécution du travail, il n'y a jamais à redouter un excès de saturation; au contraire, il faut introduire dans l'eau autant d'air que celle-ci peut en absorber, car il s'en produit toujours une déperdition sensible après le mouillage ; en effet, les pores de l'enveloppe se trouvant gonflés par l'eau, l'air s'en échappe plus facilement qu'avant le mouillage. Ainsi, si le grain porté au grenier ne renferme pas un volume d'air plus élevé que celui qui lui est nécessaire pour la germination, il en résulte que l'eau en s'évaporant avant et pendant l'acte de germination en entraîne une certaine quantité, ce qui réduit le volume à tel point qu'il devient insuffisant pour assurer un bon travail.

Que le malt que l'on prépare soit destiné à la fabrication des bières d'exportation ou à celle des bières locales, il faut toujours faire une distinction dans sa préparation entre celui qui doit servir à la fabrication des bières à fermentation haute et celui que l'on veut employer à la fabrication des bières à fermentation basse.

Cette distinction n'est malheureusement presque jamais faite, la brasserie a l'habitude d'employer les malts de même préparation aux deux genres de fabrication, sans se soucier le moins du monde des conséquences de cette indifférence ; elle ne sait pas ou elle ne veut pas savoir que si elle agissait autrement, elle éviterait bien des accidents de fabrication qui se traduisent plus tard en des ennuis qu'elle

éprouve lorsque la bière est d'une mauvaise conservation.

Lorsqu'on prépare des malts pour la fermentation
haute, il est toujours préférable de laisser monter la
température des couches au germoir à un degré un
peu plus élevé que lorsqu'il s'agit de ceux pour la
fermentation basse ; en se conformant à cette règle,
on obtient une fermentation plus normale, une clari-
fication plus prompte et une conservation meilleure.

Je sais bien qu'il y a des savants qui ne sont pas de
mon avis sur ce sujet et qui prétendent qu'en toutes
circonstances, et pour n'importe quel genre de fabrication, les malts les meilleurs sont ceux qui ont été
préparés aux températures les plus basses. Je laisse
pour cette fois ces savants à leur théorie, me conten-
tant des résultats pratiques que tous les brasseurs
peuvent du reste contrôler.

Alors que les températures les plus favorables,
celles que j'ai vu pratiquer partout avec succès, sont
de 16° à 18° R. pour les malts destinés à la fermentation haute, il ne faut pas dépasser celles de 13° à
15° R. pour les malts à fermentation basse. Je n'ai
jamais été partisan de températures inférieures ou
supérieures à celles-ci ; je crois être en cela de l'avis
de beaucoup de praticiens expérimentés.

Que pourrai-je dire sur la construction et l'aména-
gement des germoirs que mes lecteurs ne connaissent déjà pour l'avoir vu dans les ouvrages et les
journaux spéciaux; tous savent que l'aération des
germoirs est une condition *sine qua non* d'une bonne
germination. Lorsque la construction et l'aménage-
ment d'un germoir ont été bien étudiés et bien com-
pris, le gaz carbonique qui se dégage du grain pen-

dant la germination est éliminé au fur et à mesure de sa production et remplacé par de l'air légèrement saturé d'humidité; dans ces conditions la germination se développe normalement et dans les règles voulues.

Mais, ici comme ailleurs, il faut se tenir dans des limites raisonnables et éviter de tomber dans les excès. La ventilation doit être savamment étudiée, car si elle était trop puissante elle produirait un effet opposé à celui visé ; l'humidité nécessaire à la germination serait alors entraînée par l'air, le grain se fanerait et la vie serait arrêtée ou suspendue.

Quand la germination est terminée et que la plumule a atteint à peu près les trois quarts de la longueur du grain, on porte le malt sur la touraille. En ce moment, il faut aérer le malt aussi énergiquement que l'on peut, de manière à lui enlever, avant de l'exposer au touraillage, la plus grande partie de son humidité.

Je passe intentionnellement sur la construction des tourailles, car en examinant cette question qui a plutôt rapport à la mécanique qu'à la fabrication, je dépasserais le cadre que je me suis tracé et qui ne comporte que l'étude de la fabrication des bières d'exportation.

Le touraillage du malt est un travail qui demande de la part de celui qui l'exécute ou qui est chargé de le faire exécuter certaines connaissances et une grande surveillance. Cependant, les connaissances et la surveillance du praticien seraient insuffisantes pour faire un bon travail, si la construction de la touraille était défectueuse ; il faut donc avant tout surveiller l'installation d'une touraille bien conditionnée.

Dans le touraillage, il faut procéder avec beaucoup de méthode ; les étapes entre la température initiale et celle de 30° R. doivent être franchies lentement et progressivement à raison de 1° toutes les demi-heures. Pour que le malt puisse ensuite franchir sans danger les températures entre 30° et celle terminus, il est indispensable qu'il ait perdu en ce moment de 80 à 90 pour 100 de l'eau dont il était saturé au début de l'opération. A partir de 30° jusqu'à la température finale, les étapes sont un peu plus précipitées et l'on passe d'un degré à l'autre dans le délai de 15 minutes.

Quand la construction de la touraille est ce qu'elle doit être et ce qui faut qu'elle soit pour faire un bon travail, on laisse séjourner le grain de 12 à 18 heures sur le plateau supérieur et de 18 à 20 heures sur le plateau inférieur, selon le genre de malt que l'on veut produire.

Si le malt est appelé à être employé à la fabrication des bières pâles, il faut que la circulation d'air chaud qui traverse la couche de grains étendue sur le plateau et laquelle produit la dessication, soit plus active que lorsqu'il s'agit de la préparation du malt devant servir à la fabrication des bières foncées ou brunes. Les températures finales varient également ; au lieu d'être portée à 75° qui est celle pour les bières brunes, elle est arrêtée pour les bières très pâles à 60° R.

Des analyses répétées ont démontré que l'on pouvait parfaitement arrêter le touraillage et produire quand même des malts aussi secs à 60° qu'à 70°, il suffit pour cela d'avoir une touraille bien organisée et d'être le maître absolu de la puissance et de la progression de la température du courant d'air chaud.

En terminant le touraillage à des températures minima de 60° à 65° on produit du malt qui, à la fabrication, donne un moût composé d'un rapport relativement élevé de maltose lequel, à la fermentation, atténue beaucoup ; en portant, au contraire, l'opération finale du travail aux températures maxima de 70° à 75°, le malt est plus favorable à la production de la dextrine et l'atténuation, pendant la fermentation principale, est plus faible.

Je ne conseille pas toujours les températures extrêmes, ni minima, ni maxima, que je viens d'indiquer, surtout quand il s'agit des malts pour bières d'exportation; en ce cas, les températures de 65° à 68° sont préférables à toutes les autres.

Nous voici au brassage.

Quelle est la meilleure méthode de brassage pour les bières d'exportation : est-ce la méthode par décoction ou celle par infusion ?

Je sais que les opinions sur cette question sont bien divisées, même entre théoriciens. Chacun paraît tenir à son saint ; tandis que les allemands et les autrichiens ne voient rien au-dessus de la méthode par décoction, les anglais, eux, donnent la préférence à la méthode par infusion.

Comme je n'ai pas la prétention de mettre tout le monde d'accord, mais de dire uniquement ce que j'ai appris, ce que je sais et ce qui est la vérité, je ne fais aucune difficulté pour reconnaître que les allemands, les autrichiens, les anglais, fabriquent de bonnes bières de conservation, mais je constate que les bières austro-allemandes n'ont pas du tout le même caractère que les bières anglaises.

Est-ce à dire que les deux méthodes se valent et que l'on peut indifféremment adopter l'une ou l'autre ?

Tel n'est pas du tout mon avis.

Réunissez 50 consommateurs de différents pays, mettez-les en présence d'une bouteille de vin supérieur de Chambertin et d'une autre de qualité extra de Château Yquem, faites-leur déguster ces vins et demandez-leur ensuite leur appréciation sur leurs qualités ; vous verrez que les uns aimeront le Chambertin, tandis que les autres préféreront le Château Yquem.

Un négociant intelligent que ferait-il, s'il avait à satisfaire de pareils consommateurs ?

Il donnerait du Chambertin à ceux qui aiment le Chambertin et du Château Yquem à ceux qui aiment le Château Yquem.

Le brasseur, lui, doit procéder de la même manière.

Si les consommateurs réclament de la bière genre Munich, de la bière dextrineuse, c'est la méthode par décoction que le brasseur doit appliquer ; si, au contraire, les clients demandent des bières sèches, un peu alcooliques, il doit donner la préférence à la méthode par infusion. Le point capital, celui qui est pour ainsi dire le point culminant qui domine tous les autres est celui de donner satisfaction à la clientèle avec laquelle on est en relation.

Cependant, la méthode par infusion offre plus de garanties pour la fabrication des bières d'exportation que n'en offre celle par décoction, parce que cette méthode donne des moûts moins dextrineux qui sont, par conséquent, d'une atténuation plus grande que l'autre.

Ainsi donc, en principe, les moûts dextrineux conviennent moins à la fabrication des bières d'exportation que les moûts maltosés, et cela en raison des accidents de fermentations, qui sont plus à redouter avec les premiers moûts qu'avec les seconds.

Il n'est pas discutable que le rendement en extrait est toujours légèrement inférieur avec la méthode par infusion qu'avec celle par décoction; mais cette perte en extrait n'a de considération et d'importance qu'au point de vue du prix de revient, elle n'a aucune influence sur la conservation de la bière. C'est une erreur de croire que les moûts les plus riches en extrait donnent toujours des bières qui se conservent le mieux; j'ai vu des bières fabriquées avec des moûts ayant 13° densimétriques se conserver tout aussi bien que des bières fabriquées avec des moûts à 14° ou à 15°.

*
* *

Après le brassage vient la fermentation.

De même que pour le brassage, il se pose ici une question de méthode. Est-ce la fermentation haute ou la fermentation basse que le brasseur doit appliquer de préférence ?

Les moûts obtenus par décoction sont généralement fermentés par le bas et les moûts d'infusion par le haut; cependant, il y a de grandes exceptions à cette règle, et il est beaucoup de brasseurs qui fabriquent par décoction des moûts qu'ils font fermenter ensuite par le haut et dont ils obtiennent de bons résultats.

Ce qui doit guider le brasseur dans l'application de la méthode de fermentation, ce sont l'installation de son établissement et le goût de sa clientèle.

Pour fabriquer des bières d'exportation par fermentation basse, il faut une installation frigorifique irréprochable de façon à pouvoir maintenir dans les caves à fermentation et dans les caves à repos les températures imposées par ce genre de fermentation; si ces conditions faisaient défaut, la fermentation basse serait impraticable.

Et puis vient toujours le goût du client. — Comment lui faire accepter de la bière à fermentation haute dont le goût et le caractère sont si différents, lorsqu'il ne veut que de la bière à fermentation basse?

Ce n'est pas facile.

On s'expose à perdre son temps et son argent, en s'entêtant à vouloir faire prendre un produit à un consommateur qui n'en veut pas; le plus sage est de lui donner la bière qu'il demande, soit à fermentation haute, soit à fermentation basse, plutôt que d'épuiser ses efforts dans une lutte stérile et d'indisposer le consommateur par dessus le marché.

Ce dont il faut tenir compte aussi dans la composition du moût, c'est que les moûts glutineux et dextrineux conviennent mieux à la fermentation basse qu'à la fermentation haute; cela explique la raison pour laquelle il faut donner la préférence pour la fabrication des moûts à fermentation haute au malt contenant peu de glutine.

A côté et en même temps que les fermentations, se pose la question du levain.

Depuis les travaux de l'illustre Pasteur sur les fermentations, la religion de tous les brasseurs est éclairée sur le rôle que jouent les infiniment petits dans la fabrication de la bière.— Il est établi qu'un levain est composé de tout un monde de microbes;en effet, nous y découvrons, en l'examinant au microscope,des ferments de toutes sortes et de toutes natures, tels que ferments acétique, lactique, butirique, et autres ferments de maladies, ferments chétifs et ferments alcooliques de races différentes ; chacun de ces ferments opère,pendant la fermentation,un travail qui lui est spécial et dont les conséquences se répercutent directement sur le caractère de la bière.

Le levain est pour la bière ce que le sang est pour l'homme ; les deux alimentent la vie : le levain, celle de la bière, le sang celle de l'homme.

C'est dans le sang de l'homme que les éléments anatomiques vont puiser les corps qui sont nécessaires à leur existence ; c'est dans la levure que les matières fermentescibles du moût trouvent l'élément nécessaire à leur transformation.

De même que la composition du sang est modifiée par certaines maladies telles que l'anémie, le choléra, le typhus, la phtisie, etc., la levure subit des modifications selon le genre de maladies dont elle est atteinte ; mais si l'on peut, dans certains cas, régénérer le sang, lui procurer les éléments précieux à sa reconstitution d'où dépend la santé du malade, il est très difficile de détruire les effets morbides qu'une levure malade a apportés dans la bière;par conséquent, si l'homme de l'art a parfois complètement raison des microbes qui infectent le sang, le brasseur est moins heureux dans sa lutte, attendu qu'il ne détruira jamais tous ceux qui infectent la bière.

Certes, je n'ai pas la prétention de faire croire à mes lecteurs que toutes les maladies qui altèrent la bière lui sont apportées par la levure; je sais parfaitement que le brasseur a à compter encore avec d'autres maladies qui sont à même de jeter la perturbation dans son travail ; mais je tiens à rappeler que les maladies les plus redoutées, celles dont les effets sont le plus dangereux, n'ont d'autre origine que la mauvaise qualité de la levure. Voilà pourquoi le brasseur doit apporter l'attention la plus vigilante au choix de son levain et qu'il doit employer constamment les moyens de purification que j'ai décrits si souvent dans la presse brassicole.

Au sujet des caves à fermentation, pour qu'elles répondent aux exigences du brasseur et à la sécurité du travail, il faut qu'elles soient saines, c'est-à-dire non humides, aérées et qu'elles aient la température qui correspond à celle de la fermentation, qui est de 4° à 5° R. pour les caves à fermentation basse et de 10° pour celles à fermentation haute.

J'ai entendu dire par des praticiens qu'il était inutile d'enlever le gaz acide carbonique qui se dégage de la fermentation, attendu que ce gaz n'exerce aucune action nuisible sur le moût en fermentation ; c'est là une affirmation très risquée, pour ne pas dire erronnée; ces praticiens ignorent que si le gaz n'est pas éliminé il forme un isolant entre le moût et l'air ambiant, lequel s'oppose alors à l'oxygénation du moût et contrarie le développement régulier de la levure.

De mes propres observations, il résulte qu'un moût suffisamment oxygéné, mis en fermentation dans une cave bien aérée, donne toujours une meilleure atténuation et une bière qui se clarifie et se conserve mieux qu'un autre moût faiblement oxygéné et fermenté dans une cave mal ventilée.

Les températures de fermentation font partie des préoccupations constantes du brasseur ; celles trop élevées ou trop basses sont également nuisibles à un bon travail.

Il est à la connaissance de tous les brasseurs qui se sont donné la peine de suivre les démonstrations scientifiques de nos théoriciens, que les ferments de maladies dont on découvre les traces un peu partout, dans les matières premières, dans le levain, dans le matériel, dans l'air, se multiplient facilement à des températures élevées, tandis qu'ils restent à peu près inertes à des températures basses. D'un autre côté, les températures trop basses paralysent l'action des bons ferments, et la transformation des matières fermentescibles en alcool se fait dans de mauvaises conditions. Ces considérations sont la justification du rôle important que joue l'application du froid rationnel en brasserie.

On estime que la température de fermentation la plus favorable pour les bières d'exportation est de 10° à 11° R. pour les fermentations hautes, et de 4° à 5° comme température initiale et finale pour les fermentations basses.

L'atténuation du moût, c'est-à-dire la transformation des matières fermentescibles en alcool et en acide carbonique, a fait l'objet de beaucoup de mes études, dont j'ai régulièrement entretenu mes lecteurs habituels du « *Moniteur de la Brasserie.* »

A mon avis, l'atténuation est le baromètre de la fermentation que le brasseur doit consulter à chaque instant et dont il doit tenir un compte excessivement rigoureux dans son travail.

L'opinion générale est que pour assurer une bonne conservation de la bière, il faut atténuer de 65 à 70 pour 100 dans les fermentations hautes, et de 62 à 66 pour 100 dans les fermentations basses.

Si, pour une raison quelconque, ces chiffres d'atténuation n'étaient pas atteints pendant la fermentation principale, il faudrait, pour éviter les troubles ultérieurs de la bière occasionnés par la présence des matières fermentescibles non transformées, compléter l'atténuation en activant la fermentation secondaire pendant le séjour de la bière dans les caves de repos. Cette mesure complémentaire est possible dans les fermentations basses où l'outillage et le froid dont dispose le brasseur se prêtent merveilleusement à ce travail, elle ne l'est presque jamais dans les fermentations hautes où les bières sont livrées aussitôt après fermentation à la consommation ; d'où il faut conclure que l'atténuation pendant la fermentation principale offre toujours plus de sécurité que celle des fermentations secondaires.

Pour se rendre compte du degré d'atténuation, il suffit de faire la petite opération suivante :

Prenons par exemple un moût qui, à l'entonnement au moment de sa mise en fermentation, avait 13° densimétriques et qui, après fermentation, n'en a plus que 4 1/2. Voici comment nous procédons pour connaître son degré d'atténuation :

Densité lors de la mise en levain   13°

  »   après fermentation......   4°50

        Différence. . . .   8,50 | 13

à diviser par le degré initial   70   65

qui était 13.   5

L'atténuation en ce cas est de 65 pour 100.

On voit que le calcul à faire est excessivement simple et que l'opération est à la portée de toutes les intelligences.

Les trois principaux facteurs de l'atténuation sont : la composition du moût, l'oxygénation, le levain.

J'ai déjà entretenu mes lecteurs des mesures à prendre pour composer un moût ayant les propriétés d'une bonne atténuation ; voici celles relatives à l'oxygénation et au levain :

En parlant de l'oxygénation de l'eau du mouillage, je disais que les appareils à oxygéner sont très répandus en brasserie ; en effet, il est très peu de brasseurs qui se sont montré assez réfractaires au progrès pour renoncer à l'installation d'un de ces appareils aussi simples qu'utiles. — L'appareil à oxygéner est un cylindre dans lequel on comprime de l'air stérilisé en le faisant traverser un filtre à coton, pour ensuite en saturer le moût au moment de sa mise en fermentation ; cette opération a pour objet de fournir à la levure l'air nécessaire à son complet développement et d'augmenter, par ce fait, le degré d'atténuation.

Quant au levain, nous savons qu'il est composé de cellules de levure ayant des propriétés particulières. Afin de bien me faire comprendre, je demande la permission de faire une comparaison légèrement imagée : On peut se représenter, à la place du levain, une ruche dont les cellules de levure seraient des abeilles ; or, parmi ces abeilles il y en a qui font beaucoup plus de travail les unes que les autres, et tandis que les unes flânent un peu, les autres ne perdent pas une minute de la journée, et c'est grâce à ces ouvrières précieuses que l'apiculture est une industrie de rapport pour les personnes qui s'y adonnent. Dans un moût mis en fermentation il se produit exactement la même chose que dans une ruche d'abeilles; nous y avons des cellules de levure qui s'attellent résolument à la besogne, alors que nous en avons d'autres qui sont flegmatiques dans l'exécution du travail qui leur est confié.

De cette comparaison, il résulte que toutes les cellules de levure n'ont pas un caractère et une puissance d'activité uniformes, ce qui fait qu'elles ne produisent pas toutes une atténuation égale.

Lorsqu'on a un levain composé de levures d'une faible atténuation, il faut s'en procurer un autre atténuant davantage ; on a pour cela recours à un confrère plus heureux que soi; il n'y a pas d'autre moyen, sinon de prendre des levures cultivées et composées de races atténuant davantage, ce qui est toujours plus sûr.

Quels sont les délais à observer pour la conservation des bières d'exportation entre la fermentation et l'expédition ?

A moins d'avoir des caves de repos très fraîches, ce qui malheureusement n'est pas souvent le cas, il est imprudent de conserver trop longtemps en cave la bière à fermentation haute ; dès que cette bière a achevé sa fermentation, qu'elle est clarifiée et qu'elle a les propriétés qu'elle doit avoir, il faut la soutirer et l'expédier.

Le traitement auquel on soumet la bière pendant le délai qui s'écoule entre la fermentation et l'expédition est le suivant : on soutire la bière des tonneaux ou des cuves à fermentation, — la fermentation mixte se fait dans des cuves — dans des foudres, en y ajoutant trois à quatre litres de bière jeune — Kraïssen — par hectolitre ; on la laisse en repos pendant deux ou trois jours, ensuite l'on bondonne les foudres. Aussitôt que la bière est suffisamment saturée de gaz carbonique, l'on filtre et l'on met en bouteilles.

Beaucoup de brasseurs ont remplacé la fermentation haute en tonneaux par celle en cuves, désignée sous le nom de fermentation mixte ; c'est là, je le reconnais, un progrès, surtout lorsqu'il s'agit de la fabrication des bières d'exportation. — Les bières fermentées en cuves ont toujours plus de moëlleux que celles fermentées en tonneaux ; elles possèdent en outre un cachet particulier qui, généralement, est apprécié par le consommateur et qui leur donne une réputation qui certainement est légitime.

Mais, pour que la fermentation mixte puisse produire ces effets, il est nécessaire d'être maître des températures en les maintenant pendant toute la durée de la fermentation à 10°, 11° ou 12° R. au maximum, selon les saisons. On se sert à cet effet d'un appareil placé dans la cuve et dans lequel on établit une circulation continuelle d'eau froide.

La bière à fermentation basse est traitée d'une autre manière.

Après la fermentation principale, l'on soutire la bière des cuves dans les foudres de repos avant

qu'elle se soit trop clarifiée; de cette façon l'atténuation se complète mieux pendant la fermentation
secondaire. Cette recommandation s'applique également aux bières à fermentation mixte, lorsque celles-ci
n'ont pas été assez atténuées pendant la fermentation
principale.

Les brasseurs sont édifiés sur l'importance des
caves froides dans la fabrication et le repos des
bières à fermentation basse ; ils savent que la finesse
et les propriétés délicates qui distinguent cette bière
des bières à fermentation haute, sont dues en grande
partie aux conditions dans lesquelles elle a été conservée dans les caves de repos. Les températures à
pratiquer sont celles de 4° R. à un demi degré au-
dessus de 0°, selon l'âge de la bière.

Il est matériellement impossible, lorsqu'on n'a pas
à sa disposition le concours d'appareils frigorifiques,
d'atteindre ce résultat ; la glace naturelle, emmagasi-
née l'hiver dans les glacières, est incapable de produire des températures aussi basses et aussi rigou-
reuses.

Je connais des brasseurs qui abrègent la durée du
repos de la bière, qui avancent sa maturité et qui
économisent ainsi du froid et du temps sans nuire à
sa qualité, en la transvasant lorsqu'elle est à peu près
limpide d'un foudre à un autre. Ces brasseurs se
déclarent très satisfaits de ce procédé ; je le signale,
en passant, à mes lecteurs.

Relativement à la durée de conservation dans les
caves de repos, j'ai toujours estimé, et rien ne s'est
produit jusqu'ici qui puisse me faire changer d'opinion, qu'une bière de 4 à 5 mois d'âge au maximum
devait posséder toutes les qualités d'une bonne

bière d'exportation et qu'une bière trop vieille n'avait plus les mêmes propriétés de conservation qu'une autre ayant l'âge que je viens d'indiquer. La bière est, en effet, une boisson fermentée, légèrement alcoolique, dont la conservation ordinaire est limitée à la présence des principes extraits du malt ; lorsque ces principes ont disparu et ont été décomposés en alcool, la bière perd de ses propriétés, et ses qualités diminuent.

J'ai toujours combattu le bondonnage des foudres de bières d'exportation, encore plus l'habitude qui consiste à y ajouter de la bière jeune avant de bondonner. Je reconnais volontiers que le bondonnage a du bon pour les bières jeunes ou les bières bocks, mais je ne le recommanderai jamais pour les bières d'exportation. — Si les caves de repos sont bien conditionnées, si la température y est maintenue au degré voulu, le gaz acide carbonique qui se dégage pendant la fermentation secondaire se dissout dans la bière et celle-ci en est suffisamment saturée pour avoir les qualités d'une bière d'exportation.

Faut-il ou ne faut-il pas filtrer les bières d'exportation ?

Je regrette cette fois encore de ne pas être de l'avis d'un certain nombre de praticiens qui prétendent que la filtration de la bière d'exportation est une opération inutile, sinon dangereuse ; il en est même qui affirment que les bières filtrées se conservent moins bien que les bières non filtrées. Ce sont là des prétentions et des affirmations absolument fantaisistes.

D'abord, la filtration est, avec la culture de la levure, la plus heureuse innovation apportée à l'art de fabriquer la bière. Je n'ai pas besoin de m'ériger ici en avocat de cette belle application pour en démontrer tous les avantages que la brasserie en retire journellement et pour expliquer que la filtration a pour but essentiel et principal de séparer de la bière la glutine et les ferments, qui sont précisément des causes de trouble qui abrègent la conservation de la boisson.

Je voudrais bien que les adversaires de la filtration des bières d'exportation vinssent m'expliquer pourquoi la glutine et les ferments qui sont préjudiciables à la conservation des bières ordinaires ou courantes sont sans effet dangereux sur les bières d'exportation.

Il est possible que, lorsque les bières ont 4 ou 5 mois d'âge, qu'elles ont été conservées dans des caves très froides et qu'elles sont limpides, elles ont déposé une grande partie de leur glutine et de leur levure dans les foudres de repos, mais malgré cela elles en ont encore assez en dissolution ou en suspension pour exercer une action nuisible.

Mais si je suis un grand partisan de la filtration, c'est à la condition expresse que l'opération soit faite d'après les lois enseignées par la théorie et consacrées par la pratique ; ces lois sont immuables et ne sauraient être transgressées qu'au détriment du travail.

La bière, avant d'arriver dans le filtre, doit être refroidie à une température aussi proche que possible de 0° ; c'est à cette condition seulement que les résultats de la filtration sont sérieusement appréciables.

Je m'abstiens de faire la critique des différents filtres offerts à la brasserie ; il appartient au brasseur, avant de faire l'acquisition d'un de ces appareils, de se munir de renseignements suffisants pour bien fixer sa religion afin de ne pas, dans son choix, faire une fausse manœuvre.

A la filtration suit la mise en bouteilles.

Pour éviter les pertes qu'il éprouve par l'emploi de mauvaises bouteilles, le brasseur doit être très sévère dans l'achat de ce matériel. Quoique meilleur marché, les mauvaises bouteilles, en raison du bris et de la perte de bière, reviennent toujours à un prix plus élevé que les bonnes.

Les brasseurs emploient des bouteilles de formes différentes, cependant, la forme généralement agréée pour les bières d'exportation est la forme Bourgogne ou Champagne avec un fond moins bombé ; les bouteilles à fond bombé sont d'un nettoyage plus difficile que les autres.

En raison de l'influence de la lumière sur le verre ordinaire, on donne la préférence au verre teinté en vert ou en jaune-clair ; il n'y a pas de raison pour que l'on adopte plutôt l'une ou l'autre de ces colorations, c'est une simple question de goût et d'appréciation de la part du brasseur et de ses clients.

La propreté des bouteilles est une condition essentielle pour la conservation et la limpidité de la bière ; la plus petite négligence dans le nettoyage est capable de produire les effets les plus dangereux et d'occasionner des pertes sérieuses. Il est de l'intérêt du brasseur de ne pas perdre cette question de vue un seul instant.

Au nettoyage des bouteilles on emploie des appareils spéciaux dont la construction et la forme sont souvent bien différentes. Je ferai pour ces appareils ce que j'ai fait pour les filtres ; j'estime que ce n'est pas ici le lieu d'examiner les combinaisons plus ou moins pratiques de chacun de ces appareils ; je dirai simplement qu'il importe peu que ces appareils soient à brosses ou non, le point capital est qu'ils soient de construction solide, que le fonctionnement en soit régulier, que le travail qu'ils exécutent soit prompt et bien fait et qu'ils soient enfin d'un prix d'achat abordable. Toute la question est là. Peu importe que ces appareils sortent des ateliers de construction de Pierre ou de Paul, ce qui intéresse le brasseur, c'est d'avoir un outil bien fait et qui lui donne entière satisfaction.

Après le nettoyage des bouteilles vient, dans l'ordre chronologique des travaux, le tirage de la bière.

Le tirage de la bière du foudre en bouteilles se fait sous une pression d'air ou d'acide carbonique.

Si l'oxygénation du moût est, ainsi que je l'ai démontré, une opération utile, l'oxygénation de la bière est, lorsque celle-ci est prête à être livrée à la consommation, une opération nuisible. Il est bien entendu, ainsi qu'il ressort des démonstrations qui précèdent, que l'oxygénation a pour effet le développement de la levure; ce travail se comprend donc quand l'on est en présence d'un moût, mais il ne s'explique guère quand on a affaire à de la bière mousseuse et limpide dans laquelle une fermentation nouvelle, provoquée par une oxygénation faite mal à propos, amènerait des accidents.

Il ne faut pas croire que tous les ferments sont séparés de la bière par la filtration ; malgré la perfection du filtre, il en reste encore assez pour amener le désordre dans la boisson.

Le danger de l'oxygénation est cependant moindre, lorsqu'il s'agit des bières d'exportation devant être pastorisées que des autres. Par la pastorisation l'effet produit sur les ferments par l'oxygénation est détruit.

A cause des inconvénients qui résultent de l'oxygénation de la bière limpide et mousseuse, l'emploi des pressions à air n'est pas recommandable. Mais le danger est encore plus grand, lorsqu'on se sert de l'air vicié et infecté.

Rappelons-nous qu'en brasserie, où les inconvénients des germes de maladies sont si redoutables, où il faut des précautions inouies pour éviter toute infection, il est toujours dangereux d'introduire dans la bière, n'importe à quel moment de sa fabrication, de l'air saturé de germes et de spores en plus ou moins grande quantité. Ces germes ou spores sont susceptibles de communiquer à la bière des maladies souvent très sérieuses et toujours préjudiciables

Lorsqu'on est obligé, pour une raison d'économie, de se servir de la pression à air pour le tirage, il est préférable d'employer de l'air filtré ; en ce cas, voici comment on procède : On place entre la pompe et le récipient un filtre rempli de coton stérilisé ; l'air aspiré par la pompe est chassé dans le filtre où, par son passage, il abandonne toutes les impuretés dont il est le véhicule ordinaire, il s'en échappe ensuite pour pénétrer dans le récipient.

En prenant toutes ces précautions, qui sont d'une

simplicité extrême, on atténue sensiblement les effets nuisibles de l'oxygénation de la bière par les pompes à air, mais on ne les détruit jamais complètement.

Avec les bières faiblement mousseuses au moment du tirage, le degré d'oxygénation est beacoup plus élevé que lorsqu'elles sont fortement saturées de gaz carbonique, car il est démontré que ce gaz est un obstacle à la pénétration de l'air.

La pression à acide carbonique ne présente pas les mêmes inconvénients que celle à air ; elle est, au contraire, un collaborateur recherché du brasseur.

Je n'ai pas besoin de grandes explications pour faire comprendre que le gaz acide carbonique joue un rôle important dans notre travail ; ce sont les propriétés particulières de ce gaz qui font de notre produit une boisson hygiénique et ce sont ses vertus qu'apprécient tous les consommateurs. L'acide carbonique est pour la bière ce que le sel et le poivre sont pour les aliments, c'est-à-dire un condiment qui active la digestion.

La supériorité des pompes ou des pressions fonctionnant au gaz acide carbonique sur les pressions à air est donc indiscutable et incontestable ; du reste, ces pressions sont très répandues en brasserie et elles ont fait leurs preuves.

Quant aux tireuses, le brasseur n'a que l'embarras du choix entre les appareils des différents constructeurs qui se disputent sa clientèle. Les principaux constructeurs, ceux les plus connus sont : Guéret, Coquelle, Enzinger, Stockheim. Je ne veux pas faire de réclame plutôt en faveur de l'un que de l'autre de ces constructeurs ; j'engage simplement les brasseurs à accorder leur préférence au système qui répond le mieux au travail de leur établissement.

Nous arrivons finalement à la pastorisation.

Par sa nature, par sa composition chimique, la bière est une boisson d'une très grande altérabilité. Malgré les soins du brasseur, malgré son art, malgré ses connaissances théoriques et pratiques, enfin, malgré toute l'intelligence apportée au travail de la fabrication, la bière reste toujours un produit dont la bonne conservation offre de réelles difficultés.

Il arrive chaque jour qu'une bière bonne, parfaite même dans la cave du brasseur, perd une partie ou toutes ses propriétés pendant le transport à de longues distances, ou pendant sa conservation dans des pays où il n'y a point de caves fraîches pour la mettre en dépôt et où, surtout, la température ambiante est sensiblement plus élevée que celle à laquelle elle a été acclimatée.

Si vous prenez, par exemple, les Esquimaux habitués à un climat très froid et que vous les transportiez au Soudan où le climat est très chaud, vous les verriez dépérir et mourir rapidement ; eh bien, la bière fermentée et conservée à une basse température est aussi sensible aux effets d'un climat chaud que le seraient les Esquimaux.

Heureusement, la science, dont Gay-Lussac déjà avait pris l'initiative et que d'autres savants après lui ont vulgarisée, a mis à notre disposition les moyens de conjurer les causes dangereuses pour la conservation de notre délicat produit en nous indiquant la marche à suivre pour nous mettre à l'abri des effets

qui en sont la manifestation ; ces moyens sont les antiseptiques et la pastorisation.

Quoique, en principe, adversaire de l'emploi des
antiseptiques en général, je ne viens pas dire que
tous les produits offerts par le commerce sont des
produits empiriques, dont l'on doit se méfier et qu'il
est prudent de les jeter tous dans le même sac ; mon
antipathie pour ces produits ne va pas aussi loin et ne
dépasse pas les règles des justes appréciations.

Je sais parfaitement qu'il est des brasseurs qui
emploient certains antiseptiques déclarés inoffensifs
pour la santé du consommateur, dont ils font grand
cas et auxquels ils attribuent de véritables propriétés;
je ne conteste pas cela et je conviens volontiers qu'il
est des circonstances dans lesquelles les antiseptiques
peuvent rendre service.

Mais ce que je tiens à établir, c'est que, lorsqu'il
s'agit des bières d'exportation, il n'y a pas jusqu'ici,
pour assurer la conservation sans nuire à la qualité
du produit et sans compromettre la santé du consommateur, de moyen supérieur à la pastorisation.

Ce que nous appelons la pastorisation est une
opération qui consiste à chauffer la bière à une
température déterminée de manière à anesthésier
l'action des ferments, de façon à suspendre, pour un
laps de temps au moins, toute fermentation nouvelle.

Plusieurs expériences de pastorisation en tonneaux
ont été faites ; mais ces expériences n'ont pas donné
jusqu'ici les résultats attendus, soit que le but
pratique n'était pas atteint, soit qu'elles exigeaient un
matériel trop dispendieux ; en présence de ces difficultés, la brasserie y a renoncé et s'est arrêtée à la

pastorisation en bouteilles laquelle satisfait, pour l'instant, son ambition.

Le travail de la pastorisation est des plus faciles : on commence par placer les bouteilles pleines dans un bain d'eau froide que l'on chauffe ensuite lentement et très progressivement à l'aide de la vapeur ou au feu, de préférence avec la vapeur, à une température moyenne de 50° R. Pour les bières devant supporter un long voyage et appelées à n'être consommées qu'après 4, 5 ou 6 mois de conservation, on porte la température du bain à 52°, 55°.; pour celles destinées à une conservation moins longue, on arrête le chauffage à la température de 45° à 48° R.

Dès que la température maximum est atteinte, l'on fait écouler l'eau chaude et l'on ramène rapidement, au moyen d'une circulation active d'eau froide, la température de la bière à son degré initial. Il est important de précipiter autant que possible ce travail de refroidissement, l'on évite de cette façon le goût particulier et légèrement désagréable que communique l'opération à la bière fraîchement pastorisée.

Dans la majeure partie des brasseries, la pastorisation est faite dans de simples bâches en tôle couvertes et munies de faux fonds. Ce travail primitif, et quoique satisfaisant au point de vue de l'effet, expose le brasseur à des pertes occasionnées par le bris des bouteilles. En élevant la température de la bière, le gaz acide carbonique qui y est en dissolution se détend et produit une augmentation de la pression intérieure de la bouteille ; cette augmentation de la pression devient souvent telle que les bouteilles qui ne sont pas d'une construction irréprochable et d'une grande solidité se brisent. Dans la pratique l'on perd ainsi, en règle générale, de 4 à 6 bouteilles au cent ; cette perte est fort préjudiciable pour le brasseur.

Ce sont en partie ces pertes dont se plaignaient à juste titre nos industriels qui ont encouragé nos ingénieurs-constructeurs à se livrer à de nouvelles études dans l'intention de nous présenter des appareils n'ayant plus les inconvénients des premiers. C'est ainsi que nous avons vu se produire plusieurs appareils nouveaux qui, malgré la sécurité et l'économie qu'ils présentent, se frayent difficilement la voie ; c'est que ces appareils ont le tort d'être d'un prix excessivement élevé, ce qui empêche la brasserie de les appliquer.

Parmi ces pastorisateurs nouveaux, celui auquel les brasseurs paraissent accorder le plus de confiance est un cylindre de forme oblongue, construit en tôle épaisse et dont l'un des fonds forme portière. L'intérieur du cylindre est aménagé pour recevoir des wagonnets chargés de bouteilles. Dès que le cylindre est garni de bouteilles, on en ferme la portière, on le remplit d'eau et on le met sous une pression de vapeur. Cette disposition écarte autant que possible la perte du bris des bouteilles, attendu que les bouteilles étant placées entre la pression intérieure produite par la détente du gaz acide carbonique et la pression extérieure amenée dans le cylindre, elles sont pour ainsi dire emprisonnées entre deux forces égales, ce qui les empêche de se briser.

Dans une expérience faite devant moi, j'ai vu sur 500 bouteilles pleines ne se briser qu'une seule et encore était-ce plutôt par un choc que par la détente du gaz carbonique.

Puisque j'ai démontré que ce qui produisait le bris

des bouteilles était la détente du gaz, il est facile de comprendre que si l'on ne prenait pas des mesures spéciales pour bien fixer le bouchon, celui-ci sauterait et la bière se perdrait ; pour éviter cette perte, l'on fixe le bouchon à l'aide d'une petite bandelette de fer ou de fil de fer, d'autres brasseurs se servent pour cela d'un petit appareil qu'ils appellent « chapeau ».

Je ne vois rien à dire sur les bandelettes de fer ou de fil de fer, tout le monde connaît ce procédé ; il n'en est pas tout à fait de même du petit appareil-chapeau.

Le chapeau se compose tout uniquement d'une petite plaque en tôle forte dont les bords sont recourbés et forment arrêt ; l'ouverture de la plaque étant plus évasée d'un bout que de l'autre, on la glisse sur le bouchon qui est ras du goulot, en présentant la partie la plus évasée jusqu'à son point d'arrêt déterminé par le goulot de la bouteille.

On fixe le chapeau avant la pastorisation et on l'enlève après l'opération. Ces chapeaux servent indéfiniment et sont d'un prix de revient excessivement bon marché.

Comme le matériel employé aux bières d'exportation ne fait jamais retour à l'expéditeur, et qu'on facture caisses et bouteilles, l'on se sert pour l'emballage de caisses simples sans casiers, mais construites en bois solide et l'on enveloppe la bouteille complètement de paille, pour éviter tout choc pendant le transport.

Certains brasseurs ont pris l'habitude de capsuler les bouteilles, de les garnir avec des feuilles d'étain et de belles étiquettes ainsi que le font les négociants en vins de Champagne pour leurs produits. Ce procédé n'a qu'un inconvénient, celui d'augmenter le prix de revient ; mais, lorsqu'il est réclamé par le consommateur, le brasseur n'a qu'à s'exécuter.

L'habit ne fait pas le moine, dit-on ; c'est possible. Mais, quoiqu'on en dise, un moine bien habillé sera toujours plus présentable en société qu'un moine en guenilles.

Nous aimons ce qui flatte la vue et nous nous détournons facilement de quelque chose qui ne nous dit rien et qui nous laisse indifférents.

On a sans doute observé que je n'ai pas du tout parlé des différents succédanés au malt, tels que riz, glucose, maltose, maïs, etc., que souvent les brasseurs emploient dans leur fabrication ; mon silence provient de ce que je suis complètement opposé à l'emploi de ces succédanés dans la fabrication des bières d'exportation; ici il ne faut que du bon malt et du bon houblon.

*
* *

Je termine ce petit travail par quelques considérations générales que je dédie particulièrement à nos fonctionnaires coloniaux.

Pour concourir utilement à la propagation d'un produit, il faut d'abord apprendre à le connaître ; on ne s'intéresse réellement aux choses qu'autant qu'on les connaît et qu'elles vous inspirent confiance.

La bière possède, en dehors de ses propriétés rafraîchissantes et toniques, qui font d'elle une boisson agréable et hygiénique, une valeur toute spéciale comme produit d'alimentation, voilà pourquoi beaucoup de médecins la recommandent aux personnes faibles et aux malades qui n'ont point d'appétit et qui ont besoin de trouver dans leur boisson un réconfortant aux forces épuisées et disparues.

De toutes les boissons fermentées, la bière est celle qui contient le moins d'alcool, elle résout donc admirablement les conditions d'une boisson saine par excellence et répond aux exigences des trois quarts de nos célèbres hygiénistes et toxicologues, qui sont d'accord pour attester les effets dangereux de l'alcool sur notre organisme.

En déclarant que la bière a une valeur toute spéciale pour l'alimentation et qu'elle possède des propriétés supérieures pour ramener la force et la santé, je ne prétends pas qu'elle peut, à elle seule, constituer une nourriture complète et suffisante ; je sais parfaitement qu'en raison de sa teneur relativement faible en matières albuminoïdes, il faut d'autres aliments encore à l'homme pour se nourrir. Néanmoins, il est bon de rappeler que le fer, dont l'influence sur la reconstitution et la richesse du sang est si précieuse, se trouve dans de plus fortes proportions dans la bière que dans beaucoup d'aliments solides, c'est pour cela qu'elle constitue l'un des meilleurs remèdes pour les personnes atteintes d'anémie, qui est l'une des maladies les plus fréquentes dans nos colonies.

Sait-on que la viande de bœuf ne contient que 0.005 % de fer, celle de veau que 0.003 %, le poisson 0.002 %, la pomme de terre 0.002 %, le pain 0.005 %, l'œuf 0.006 %, le melon et les lentilles 0.008 %, le vin 0.010 %, tandis que la bière en renferme 0.040 %. Ces chiffres, qui sont le résultat de nombreuses analyses, constituent en faveur de notre produit la

meilleure réclame et me dispensent d'autres com-
mentaires.

La bière, qui en ce moment n'est qu'une boisson de
luxe dans nos colonies, serait pourtant appelée à
rendre les plus grands services à tous les colons, si
nous savions, par des manœuvres intelligentes et une
propagande active, la mettre à la portée de toutes les
bourses.

Mais il faut absolument, pour obtenir ces résultats,
que le gouvernement engage et oblige ses fonctionnaires à tendre la main à la brasserie nationale et
à lui prêter leur précieux concours.

Après avoir conquis nos colonies par les armes et
par la civilisation, il faut les conquérir à présent par
nos produits industriels et commerciaux. Cette
conquête sera le couronnement des deux premières.

Mon ambition, en écrivant cette petite brochure,
était d'explorer le terrain, de tracer la voie dans
laquelle je serais heureux de voir le gouvernement et
les brasseurs s'engager ; le gouvernement y trouverait de grands avantages sous le rapport de ses
finances et la brasserie, elle, y trouverait les moyens
dont elle a besoin pour vivre et prospérer.

FIN

www.ingramcontent.com/pod-product-compliance
Lightning Source LLC
LaVergne TN
LVHW022340170726
843503LV00008B/3463